LA DECLARACIÓN DE INDEPENDENCIA

PETER CASTELLANO
TRADUCIDO POR ESTHER SARFATTI

Gareth Stevens
PUBLISHING

ENCONTEXTO

Please visit our website, www.garethstevens.com. For a free color catalog of all our high-quality books, call toll free 1-800-542-2595 or fax 1-877-542-2596.

Cataloging-in-Publication Data

Names: Castellano, Peter.
Title: La Declaración de Independencia / Peter Castellano.
Description: New York : Gareth Stevens Publishing, 2018. | Series: Conoce la historia de Estados Unidos | Includes index.
Identifiers: ISBN 9781538249567 (pbk.) | ISBN 9781538249574 (library bound)
Subjects: LCSH: United States. Declaration of Independence--Juvenile literature. | United States--Politics and government--1775-1783--Juvenile literature.
Classification: LCC KF4506.C27 2018 | DDC 973.3'13--dc23

First Edition

Published in 2020 by
Gareth Stevens Publishing
111 East 14th Street, Suite 349
New York, NY 10003

Translator: Esther Sarfatti
Designer: Samantha DeMartin
Editor: Kristen Nelson

Photo credits: Series art Christophe BOISSON/Shutterstock.com; (feather quill) Galushko Sergey/Shutterstock.com; (parchment) mollicart-design/Shutterstock.com; cover, p. 1 DEA PICTURE LIBRARY/De Agostini/Getty Images; p. 5 Matanya/Wikimedia Commons; p. 7 Daderot/Wikimedia Commons; p. 9 traveler1116/Getty Images; p. 11 Stock Montage/Archive Photos/Getty Images; p. 13 Hulton Archive/Archive Photos/Getty Images; p. 15 SuperStock/Getty Images; p. 17 Susan Law Cain/Shutterstock.com; p. 19 Fæ/Wikimedia Commons; p. 21 Three Lions/Hulton Archive/Getty Images; p. 23 UniversalImagesGroup/Universal Images Group/Getty Images; p. 25 Archive Photos/Archive Photos/Getty Images; p. 27 Jean Victor Schnetz/Getty Images; p. 29 Bettmann/Bettmann/Getty Images.

Printed in the United States of America

CPSIA compliance information: Batch #CS17GS: For further information contact Gareth Stevens, New York, New York at 1-800-542-2595.

CONTENIDO

Problemas con el rey   4

El Congreso   6

El comité de los cinco   10

¡Votar por la independencia!   14

Lo que nos dice   16

La aprobación   22

Sus efectos   26

Línea del tiempo de
    la Declaración de Independencia   30

Glosario   31

Para más información   32

Índice   32

Las palabras del glosario se muestran en **negrita** la primera vez que aparecen en el texto.

PROBLEMAS CON EL REY

Al llegar la década de 1770, las trece **colonias** americanas estaban descontentas con el mandato británico. En septiembre de 1774, **representantes** de doce colonias se reunieron para discutir sobre sus problemas. En octubre, enviaron una lista de **agravios** al rey, ofreciéndole la oportunidad de solucionarlos.

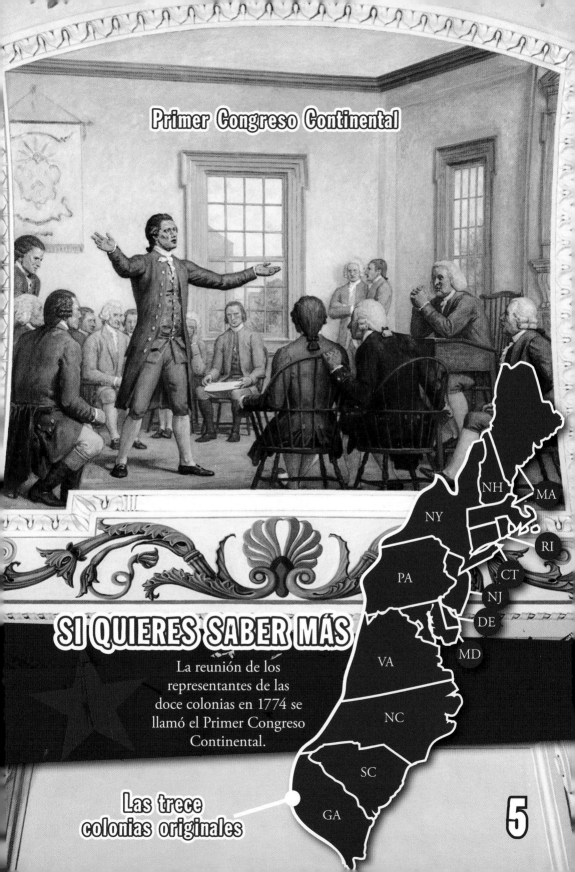

Primer Congreso Continental

SI QUIERES SABER MÁS

La reunión de los representantes de las doce colonias en 1774 se llamó el Primer Congreso Continental.

Las trece colonias originales

NH
MA
NY
RI
CT
PA
NJ
DE
VA
MD
NC
SC
GA

EL CONGRESO

El rey nunca respondió. En abril de 1775, tuvieron lugar las batallas de Lexington y Concord, dando comienzo a la guerra de Independencia. El Segundo Congreso Continental se reunió en mayo de 1775. Los representantes aún trataban de reclamar sus derechos como parte de Inglaterra.

SI QUIERES SABER MÁS

El Congreso actuó como Gobierno de las colonias durante la guerra de Independencia. Organizó el Ejército Continental, consiguió dinero e incluso creó una oficina de correos.

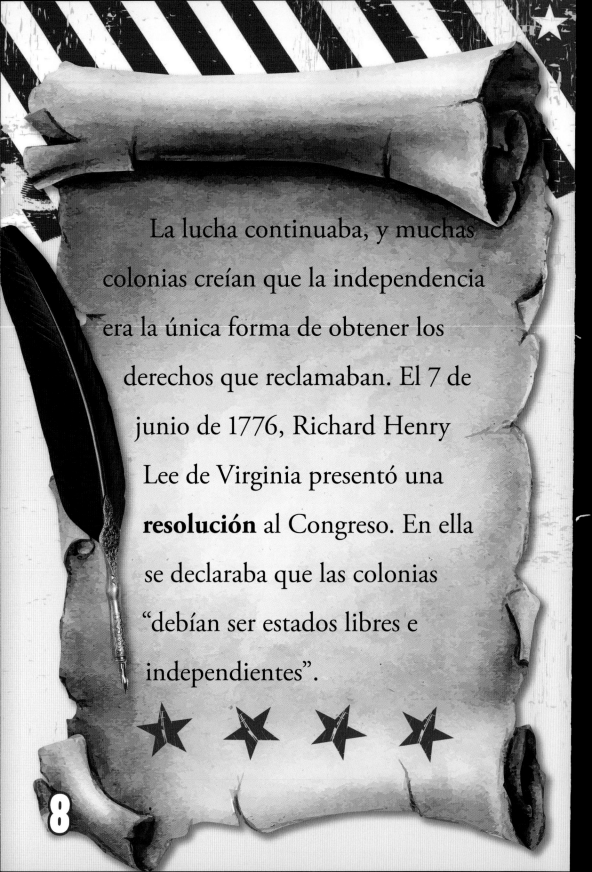

La lucha continuaba, y muchas colonias creían que la independencia era la única forma de obtener los derechos que reclamaban. El 7 de junio de 1776, Richard Henry Lee de Virginia presentó una **resolución** al Congreso. En ella se declaraba que las colonias "debían ser estados libres e independientes".

Richard Henry Lee

SI QUIERES SABER MÁS

El Congreso Continental esperó antes de votar por la resolución. No todos los representantes habían recibido aún permiso de sus colonias para votar a favor de la independencia.

9

EL COMITÉ DE LOS CINCO

El Congreso tomó un descanso de tres semanas. Durante ese tiempo, se nombró un comité de cinco delegados para poner por escrito las razones por las que las colonias debían ser independientes. John Adams, Benjamin Franklin, Thomas Jefferson, Roger Sherman y Robert R. Livingston fueron los miembros del comité.

SI QUIERES SABER MÁS

El comité representaba las zonas principales de las colonias, con dos hombres de Nueva Inglaterra (Adams y Sherman), dos de las colonias centrales (Franklin y Livingston) y un sureño (Jefferson).

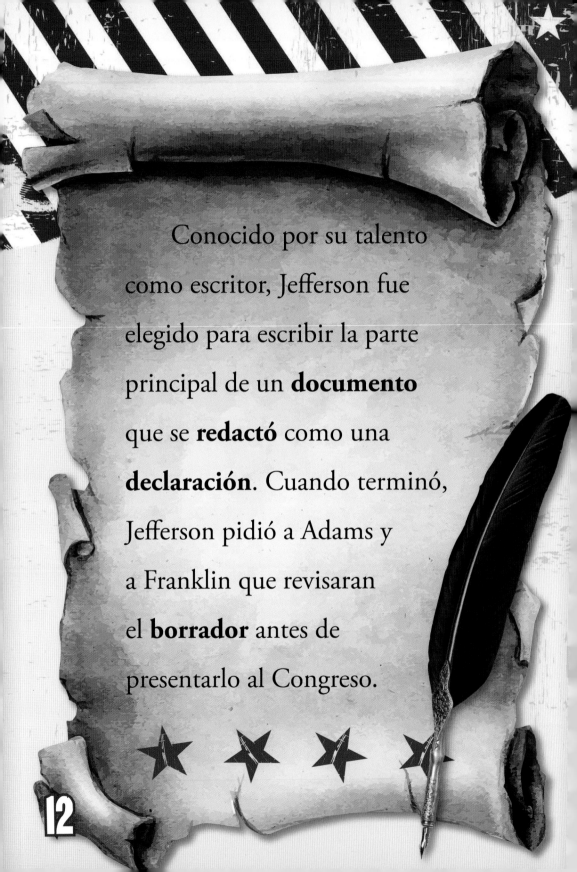

Conocido por su talento como escritor, Jefferson fue elegido para escribir la parte principal de un **documento** que se **redactó** como una **declaración**. Cuando terminó, Jefferson pidió a Adams y a Franklin que revisaran el **borrador** antes de presentarlo al Congreso.

Thomas Jefferson

SI QUIERES SABER MÁS

Jefferson fue **influido** por el gran pensador John Locke y por
George Mason, que redactó la Declaración de Derechos de Virginia.
Sentido común, un libro de Thomas Paine, también
influyó en el pensamiento de Jefferson.

¡VOTAR POR LA INDEPENDENCIA!

El 2 de julio de 1776, se aprobó la Resolución de Lee para la independencia. En los días siguientes, el Congreso hizo algunos cambios al texto de la Declaración. La parte que había sido escrita por Jefferson en contra de la esclavitud fue borrada del documento final.

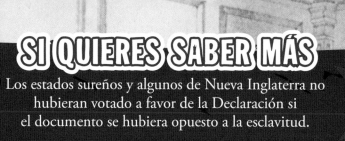

SI QUIERES SABER MÁS

Los estados sureños y algunos de Nueva Inglaterra no
hubieran votado a favor de la Declaración si
el documento se hubiera opuesto a la esclavitud.

LO QUE NOS DICE

El documento o declaración comienza explicando por qué los colonos quieren la independencia. Después, el preámbulo o introducción menciona las creencias que se consideraban verdaderas en aquella época. Dice que todos los hombres tienen derechos naturales, como "la vida, la libertad y la **búsqueda** de la felicidad".

SI QUIERES SABER MÁS

La Declaración de Independencia hablaba simplemente
de ideas y deseos para el futuro de las colonias.
No establecía leyes ni daba derechos a nadie.

La introducción también menciona que la gente tiene derecho a derrocar a su Gobierno si este no actúa bien. En ese caso, deberían formar un nuevo Gobierno elegido por la gente. Finalmente, presenta una lista de agravios contra el rey de Inglaterra.

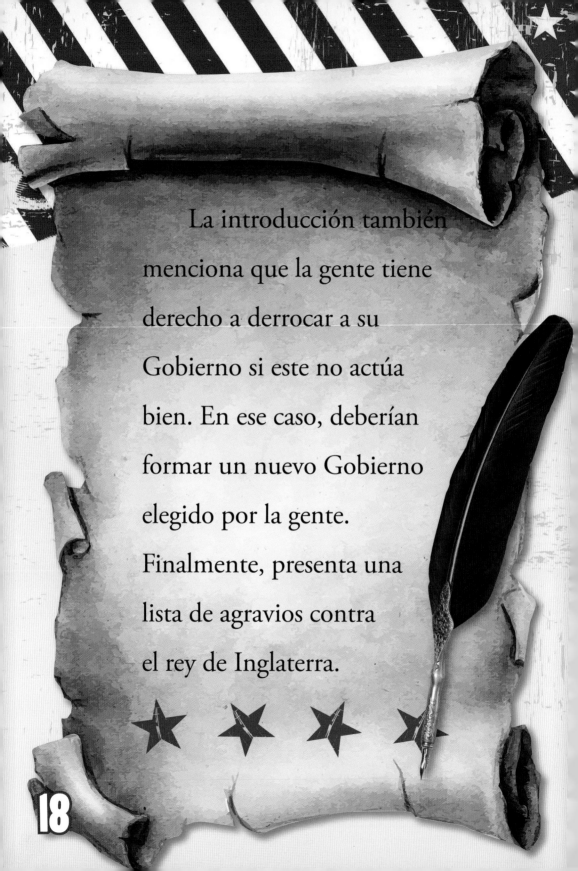

El rey Jorge III

SI QUIERES SABER MÁS

Algunos de los agravios eran que el rey no permitía que se aprobaran leyes necesarias, ni que las colonias formaran sus propios órganos representativos.

También menciona que las colonias informaron al rey de los agravios, pero que no se hizo nada. Por tanto, después de poner por escrito los problemas para que los conociera el mundo, deciden cortar sus lazos con la corona británica. Finalmente, las colonias se declaran "estados libres e independientes".

SI QUIERES SABER MÁS

Una de las razones por las cuales las colonias querían declarar la independencia era para que los franceses creyeran en su causa y los ayudaran en la guerra.

LA APROBACIÓN

El 4 de julio, doce colonias aprobaron o aceptaron la Declaración de Independencia. A continuación, la llevaron a una imprenta local. La primera lectura pública fue hecha en Filadelfia, Pensilvania, el 8 de julio. El 9 de julio ya la habían aprobado las trece colonias.

SI QUIERES SABER MÁS

Actualmente, la Declaración de Independencia original
se guarda en el edificio del Archivo Nacional
en Washington, D. C.

El 2 de agosto, la Declaración de Independencia estaba lista para ser firmada. John Hancock, el presidente del Segundo Congreso Continental, fue el primero en hacerlo. En total, cincuenta y seis representantes firmaron la Declaración ese mismo día; algunos lo hicieron después de esa fecha.

SI QUIERES SABER MÁS

Los firmantes de la Declaración cometieron un acto de traición porque las colonias todavía pertenecían al Imperio británico. La traición es algo que se hace en contra del Gobierno de un país, con la idea de derrocarlo.

25

La Declaración de Independencia se firmó al comienzo de la guerra de Independencia. ¡Sirvió de **inspiración** al Ejército Continental para seguir luchando! Pero también fue importante para otra gente. Inspiró a aquellos que lucharon contra el Gobierno francés durante la Revolución francesa, que tuvo lugar poco después.

SI QUIERES SABER MÁS

La Declaración también inspiró a un grupo
en Sudamérica que quería derrocar
al Imperio español.

El efecto de la Declaración de Independencia duró mucho tiempo después de 1781, cuando las colonias se convirtieron en una sola nación. El presidente Lincoln la **citó** en su famoso discurso de Gettysburg, durante la guerra de Secesión. También lo hizo Martin Luther King Jr. en su discurso "Yo tengo un sueño".

La Declaración de Sentimientos, un documento de 1848 que hablaba de los derechos de las mujeres, tomó la Declaración de Independencia como modelo.

"… todos los hombres, sí, los hombres negros y los hombres blancos, tendrían garantizados los derechos inalienables de la vida, la libertad y la búsqueda de la felicidad".
Martin Luther King Jr., 1963

LÍNEA DEL TIEMPO DE LA DECLARACIÓN DE INDEPENDENCIA

7 de junio de 1776

Se presenta la Resolución de Lee.

11 de junio de 1776

Se eligen cinco representantes para redactar una declaración de independencia colonial. El Congreso Continental toma un descanso.

1 de julio de 1776

El Congreso Continental se vuelve a reunir.

2 de julio de 1776

Se aprueba la Resolución de Lee. Se presenta un borrador de la Declaración de Independencia.

4 de julio de 1776

Se aprueba la Declaración.

2 de agosto de 1776

Muchos miembros del Congreso Continental firman la Declaración.

GLOSARIO

agravio: algo que causa descontento.

borrador: versión temprana de un documento.

búsqueda: hecho de tratar de conseguir algo.

citar: usar las palabras exactas de un texto o de algo que dijo alguien.

colonia: territorio bajo el control de otro país.

declaración: escrito que anuncia algo.

documento: escrito formal.

influir: tener efecto sobre alguien o algo.

inspiración: algo que hace que alguien quiera hacer algo.

redactar: escribir un documento.

representante: alguien que actúa en nombre de un grupo de personas.

resolución: declaración de propósitos sobre la cual vota un grupo.

PARA MÁS INFORMACIÓN

Libros

Gregory, Josh. *Thomas Jefferson: The 3rd President*. Nueva York, NY: Bearport Publishing Company, 2015.

Miller, Mirella S. *12 Questions About the Declaration of Independence*. Mankato, MN: 12-Story Library, 2016.

Sitios de Internet

Declaration of Independence

kids.laws.com/declaration-of-independence

Lee más acerca de la Declaración de Independencia y otros documentos históricos importantes en este sitio.

Nota del editor para educadores y padres: nuestro personal especializado ha revisado cuidadosamente estos sitios web para asegurarse de que son apropiados para los estudiantes. Muchos sitios web cambian con frecuencia, por lo que no podemos garantizar que posteriores contenidos que se suban a esas páginas cumplan con nuestros estándares de calidad y valor educativo. Tengan presente que se debe supervisar cuidadosamente a los estudiantes siempre que tengan acceso al Internet.

ÍNDICE

Adams, John, 10, 11, 12

agravios, 4, 18, 19, 20, 31

comité, 10, 11

Congreso Continental, 5, 6, 7, 8, 9, 10, 12, 14, 24, 30

Franklin, Benjamin, 10, 11, 12

Hancock, John, 24

Jefferson, Thomas, 10, 11, 12, 13, 14

Lee, Richard Henry, 8

preámbulo, 16

representantes, 4, 5, 6, 9, 19, 24, 31

Resolución de Lee, 8, 9, 14, 30

rey, 4, 6, 18, 19, 20

traición, 25